L'Oracle de

L'ESPRIT BOHÈME

Textes et illustrations : © Mich'Aile Ange Tarot.
Maquette et mise en pages :
Bénédicte Souffrant – PCA-CMB.

ISBN : 978-2-38578-054-8

Imprimé en Chine.

www.editions-tredaniel.com
info@guytredaniel.fr
www.facebook.com/tredanieleso
@tredaniel_eso

MICH'AILE ANGE TAROT

L'Oracle de L'ESPRIT BOHÈME

GUIDANCES POUR UNE VIE ÉPANOUIE ET INSPIRÉE

GOOD MOOD DEALER
By EXERGUE
27, rue des Grands-Augustins
75006 Paris

- La troisième carte indique un aspect de ta créativité ou de ta sensibilité à explorer davantage.

Ce tirage offre des conseils pertinents pour les âmes sensibles et créatives, mettant en lumière les aspects sacrés de soi-même.

TIRAGE À 4 CARTES

ORIENTATION BOHÈME

Ce tirage te sert à obtenir un conseil dans les quatre domaines de vie que sont l'amour et les

SOMMAIRE

MESSAGES DES 60 CARTES

INTRODUCTION

L'Oracle de l'Esprit Bohème est composé de 60 cartes de guidance. Il a été conçu pour les âmes sensibles, les voyageurs de l'âme et les esprits indépendants. Ces cartes offrent des messages inspirants et motivants qui visent à révéler le potentiel sacré qui sommeille en chacun de nous et à nous accompagner sur le chemin de la vie. En tirant une carte chaque matin ou lorsque le besoin s'en fait ressentir, puis en la laissant en évidence sur notre bureau, nous invitons la sagesse de l'oracle à imprégner notre esprit tout au long de la journée. Car chaque message est destiné à toucher le cœur et l'âme de celui ou celle qui le reçoit.

TIRAGES

TIRAGE À 1 CARTE

CHEMIN BOHÈME

Installe-toi dans un endroit qui inspire la sérénité. Prends quelques respirations profondes pour te connecter à ton espace intérieur. Et pioche tout simplement une carte, à l'intuition.

Cette carte représente un message inspirant pour révéler une qualité sacrée en toi, quelque chose qui sommeille en toi et qui mérite d'être reconnu.

Contemplation et action : réfléchis à la signification de la carte et à la manière dont tu pourrais intégrer cette qualité dans ta vie quotidienne. Ensuite, entreprends une action concrète pour manifester cette qualité dans ta journée.

Ce tirage combine la réflexion et l'action, en mettant l'accent sur la révélation de ton être sacré et sur la concrétisation de cette révélation dans ta vie quotidienne.

TIRAGE À 3 CARTES

RÉVÉLATION BOHÈME

Mélange les cartes en te connectant à ta sensibilité et à ta créativité intérieure.

Tire trois cartes :

- La première carte représente une qualité sacrée en toi que tu devrais mettre en avant.
- La deuxième carte offre un conseil sur la manière d'exprimer cette qualité dans ta vie quotidienne.

relations, la créativité et l'abondance, le bien-être et l'équilibre, la spiritualité et le développement personnel.

Prends un moment pour réfléchir à chaque domaine, puis mélange les cartes et tires-en une par domaine. Les réponses que tu obtiendras te fourniront des conseils précieux et des orientations spécifiques pour chacun de ces aspects importants de ta vie.

MESSAGES DES 60 CARTES

RELIS TA
WISH LIST,
L'HEURE EST
AU SHOPPING.
ACTIVER LE MODE PLAISIR

Si tu es en quête de petits
et de grands bonheurs,
laisse la liste de tes souhaits
et les tentations du shopping
éveiller en toi le mode plaisir.
Permets-toi de rêver, de désirer
et de savourer chaque
instant avec joie et légèreté.
Que cette carte te rappelle
l'importance de t'accorder
des moments de bonheur
simple et de suivre tes envies.
Que chaque désir réalisé
ajoute une touche de magie
et de douceur à ton existence.

Il est temps d'avancer,
sans action de ta part,
rien ne se passera dans ta vie.
ALLER DE L'AVANT

Ce message t'est destiné,
voyageur de l'âme. En avançant
sur ton chemin, tu tisses les fils
de ton destin. N'aie pas peur
d'explorer, de créer, de vivre
tes rêves. Car c'est par tes actions
que ton monde prendra vie.

**Ralentis,
prends conscience du fait
que tu es en vie
et que tu respires.**

Prends le temps de respirer
profondément, de ressentir
la vie qui circule en toi et autour
de toi. Apprécie les petits plaisirs
qui t'entourent, que ce soit
le parfum des fleurs, la brise légère
sur ta peau ou la chaleur du soleil.
Laisse-toi imprégner par la beauté
simple de la vie et trouve la paix
et la gratitude dans chaque souffle
et chaque battement de cœur.

Dans ton avenir,
le soleil va briller
parce que tu le décides
maintenant !
AVOIR FOI

Lorsque tu découvres cette carte,
rappelle-toi que tu es le soleil
de ton propre avenir.
Prends le temps de laisser briller
ta lumière intérieure et décide
maintenant que la chaleur
et la positivité guideront tes pas.
Aie confiance en la magie
de tes rêves, en ton pouvoir
de transformer les moments
sombres en lumière,
et en ta capacité à dissiper
tout froid qui pourrait
se présenter sur ton chemin.

Apprends à te détacher du regard des autres et deviens la meilleure version de toi-même.

Apprendre à se détacher
du regard des autres
est un processus libérateur
qui permet de se connecter
à sa véritable essence.
Prends le temps de t'écouter,
d'explorer tes passions
et de cultiver tes talents.
Sois courageux(se), ose exprimer
ta véritable nature. Répète-toi
chaque jour : « Je suis assez,
je suis unique et je mérite d'être
authentique. » En te libérant
des attentes extérieures,
tu trouveras la force de devenir
la meilleure version de toi-même,
rayonnant sans crainte de plaire.

Ne te soucie pas du lendemain.
CARPE DIEM

En découvrant ce message,
rappelle-toi que la clé du bonheur
réside dans l'appréciation
des instants simples de la vie.
Cultive la gratitude pour ce que
tu as dans l'instant présent,
et libère-toi des soucis du passé
et du futur. Laisse-toi imprégner
par la beauté de l'instant présent,
en embrassant pleinement
la philosophie *carpe diem*,
saisis chaque opportunité et vis
avec passion et authenticité.

Recharge tes batteries
pour faire face
aux défis futurs.
CÉDER À LA PARESSE

Accorde-toi le temps de te ressourcer, tel un voyageur se reposant à l'ombre d'un arbre majestueux. Permets à ton esprit de s'apaiser et à ton corps de se régénérer. La paresse, parfois, est une alliée précieuse pour préparer ton âme à affronter l'avenir. Laisse-toi bercer par ce moment de repos, car c'est dans le calme que se prépare la force à surmonter les obstacles qui se présenteront à toi.

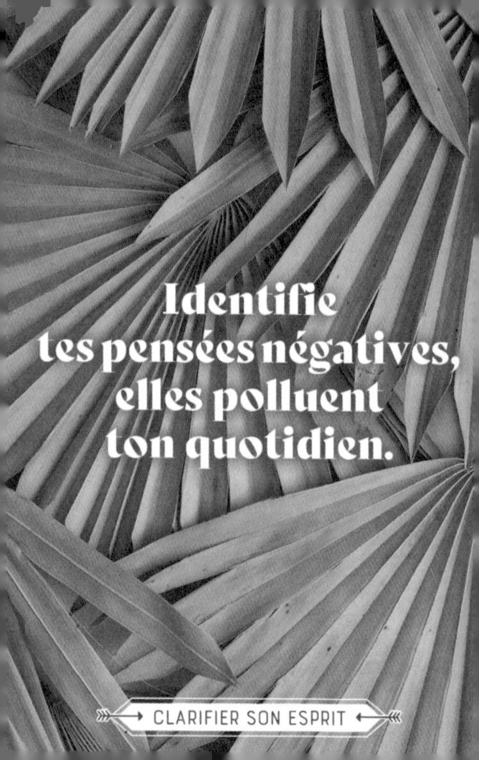

Identifie tes pensées négatives, elles polluent ton quotidien.

CLARIFIER SON ESPRIT

Voyageur de l'âme, en découvrant cette carte, je t'invite à pratiquer la méditation de pleine conscience. Prends quelques instants chaque jour pour t'asseoir confortablement, fermer les yeux et te concentrer pleinement sur ta respiration. Laisse les pensées passer sans t'y attarder, en ramenant doucement ton attention à ta respiration. Cette pratique régulière peut t'aider à calmer ton esprit, à améliorer ta concentration et à trouver une plus grande clarté mentale. Que cette méditation t'offre la sérénité et l'harmonie intérieures que tu recherches.

Quelle que soit la destination, tu es capable de tracer ta propre voie et de choisir ton chemin.
CRÉER SON DESTIN

Lorsque tu découvres la carte « Créer son destin », médite sur la puissance de ta capacité à tracer ta propre voie, indépendamment de la destination. Choisir ton chemin, c'est exercer ton pouvoir de création, comme un artiste devant une toile vierge. Chaque pas que tu fais, chaque décision que tu prends, est une œuvre d'art en soi. Ose embrasser la liberté de sculpter ton propre destin, et que chaque choix que tu fais soit une déclaration de ta force intérieure. Que cette carte soit le rappel de ton pouvoir de création infini, où chacun de tes pas est une danse élégante vers l'avenir que tu as choisi de façonner.

L'espoir est bien plus grand
que le doute.
CROIRE EN SES RÊVES

Cher voyageur de l'âme,
rappelle-toi que la lumière
de l'espoir brille bien plus
intensément que l'ombre du doute.
Lorsque tu crois en tes rêves,
tu ouvres la porte à des possibilités
infinies et tu nourris la force
qui t'anime. Laisse cette confiance
illuminer ton chemin et guider
tes pas vers la réalisation
de ce qui te tient le plus à cœur.

Un bon état d'esprit fait toute la différence.

CULTIVER ET ENTRETENIR LE POSITIF

En prenant soin de ton esprit, tu nourris ton âme. Dans l'esprit bohème, chaque pensée bienveillante est une graine semée dans le jardin de ton être. Arrose ces graines de gratitude et de compassion, et laisse la fleur du positif s'épanouir, répandant sa douce fragrance dans ton univers.

Reviens
dans le moment présent,
tes pensées
ne te dominent pas !

Rappelle-toi de revenir
dans l'instant présent.
Laisse les pensées s'évanouir
comme les nuages dans le ciel.
Libère-toi du tumulte mental
et connecte-toi à l'essence même
de la vie qui anime chaque instant.
Dans cette présence, découvre
la liberté et la plénitude que seul
l'instant présent peut offrir.

L'important est que
tu fasses des choix conscients
pour embellir ta vie.

DÉCIDER SANS AUCUN REGRET

Chaque choix que tu fais façonne ta réalité. Prends le temps de te connecter à ton intuition, écoute la sagesse de ton cœur. Permets-toi de décider avec conviction, en suivant la voie qui résonne avec ton être le plus profond. Dans chaque choix conscient réside le potentiel d'embellir ta vie, sans place pour le regret, seulement pour la croissance et l'épanouissement.

Choisis de t'entourer
de personnes inspirantes,
pour te dépasser
et faire évoluer ton esprit.

ÉLARGIR SON HORIZON

Choisis soigneusement ton cercle,
entoure-toi de personnes qui
nourrissent ton âme et t'inspirent.
Laisse ces relations te guider
vers une croissance personnelle
enrichissante, où l'échange
et le partage façonnent
un esprit libre et épanoui.

Rends ta journée incroyable !
ÊTRE DANS L'ICI ET MAINTENANT

Pour rendre ta journée vraiment incroyable, prends le temps de t'accorder des moments pour te connecter pleinement à l'instant présent. Lorsque tu manges, savoure chaque bouchée en ressentant les saveurs et les textures. En marchant, ressens la terre sous tes pieds et le vent sur ton visage. En échangeant avec les autres, sois entièrement présent(e) et à l'écoute. En te connectant à l'ici et maintenant, tu pourras pleinement apprécier la beauté et la richesse de chaque instant. Que cette pratique te permette de vivre totalement et intensément chaque moment de ta journée, et de créer des souvenirs inoubliables.

Reste toi-même, unique et rebelle.

ÊTRE FIER(ÈRE) DE SA PERSONNALITÉ

Affirme ta singularité et refuse
de suivre le troupeau,
sois toi-même et authentique.
Que ta personnalité singulière
brille avec fierté. Que ta lumière
intérieure guide tes pas et illumine
ta route. En étant convaincu(e)
de ce qui te rend différent(e),
tu rayonneras et tu inspireras
les autres. Que cette carte
te rappelle l'importance
d'être pleinement toi-même,
sans compromis, et de célébrer
ta véritable essence.

Remercie ton passé au lieu de le maudire.

FAIRE LA PAIX AFIN DE MIEUX PROGRESSER

Prends le temps d'accepter
et de reconnaître ton passé,
avec toute sa complexité
et ses leçons. Accorde-toi
la douceur de faire la paix
avec les expériences qui t'ont
forgé(e), en reconnaissant
que chaque défi a contribué
à ta croissance. En libérant
les regrets et les ressentiments,
tu ouvres la voie à de nouvelles
opportunités et à un avenir
empreint de sérénité.

Ne pense à rien,
pour changer.

FAIRE LE VIDE EN SOI

Pour favoriser le vide intérieur, cette carte t'invite à pratiquer un exercice de pleine conscience. Prends quelques instants pour t'asseoir confortablement, ferme les yeux et concentre-toi sur ta respiration. Inspire profondément en comptant jusqu'à quatre, retiens l'air pendant un moment, puis expire doucement en comptant jusqu'à six. Répète ce cycle plusieurs fois pour calmer ton esprit et te connecter à l'instant présent. Observe les pensées qui viennent et laisse-les s'évaporer dans le ciel.

En te concentrant
sur ta respiration et en pratiquant
ce lâcher-prise, tu pourras
expérimenter un véritable
vide intérieur et une profonde
détente. Que cet exercice t'aide
à te ressourcer pleinement.

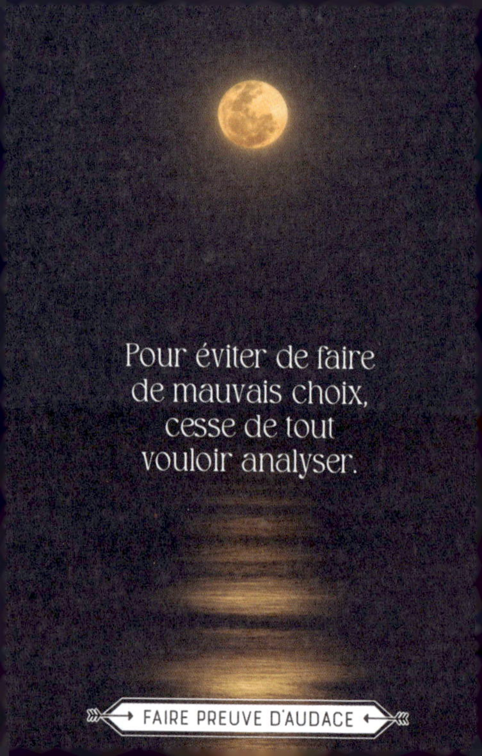

Pour éviter de faire
de mauvais choix,
cesse de tout
vouloir analyser.

FAIRE PREUVE D'AUDACE

Plutôt que de te perdre
dans une analyse sans fin,
fais confiance à ton intuition.
Prends des décisions avec
confiance et authenticité.
Souviens-toi que parfois,
les meilleurs choix viennent
du courage de suivre ton instinct.

Cette lampe magique te rappelle
que tes rêves et désirs
ont le pouvoir de se réaliser,
si tu oses les exprimer.

FORMULER UN VŒU

Lorsque tu observes cette lampe enchantée, accorde-toi un moment pour fermer les yeux et visualiser ton vœu le plus cher. Laisse-toi emporter par tes rêves les plus profonds. En exprimant ton vœu, permets à chaque mot de résonner avec conviction et clarté. Que ces instants d'introspection t'invitent à exprimer tes désirs les plus intimes. L'univers est à l'écoute, prêt à t'offrir ses merveilles si tu oses les demander. Que cette lampe magique symbolise ton pouvoir de réalisation. Formule ton vœu avec confiance, car chaque mot est une étincelle prête à embraser le ciel de ton destin.

Détourne ton regard du passé
et dirige-le vers l'avenir
avec des yeux nouveaux.

IMAGINER ET DESSINER LE FUTUR

Tu as survécu à des choses difficiles, à présent, détourne ton regard du passé. Imagine un futur rempli de possibilités et dessine-le avec optimisme. Permets-toi de rêver grand et de te projeter dans un avenir où tu te sens épanoui(e). Laisse place à l'espoir et à la créativité, car tu as entre tes mains le pouvoir de transformer ta vie. Tu mérites un futur lumineux et plein de promesses.

Tout va bien aller !
INSPIRER, EXPIRER

En découvrant cette carte, prends le temps de respirer profondément. Laisse cette sensation de calme et de confiance t'envahir, rappelle-toi que tu possèdes en toi la force et la sagesse nécessaires pour surmonter chaque obstacle sur ton chemin. Respire profondément et avance avec confiance.

Renonce à tout vouloir contrôler, retenir ou changer.

LÂCHER PRISE

Cette carte te conseille de renoncer au désir de tout contrôler. Pour t'aider dans cette démarche, je te propose un exercice de lâcher-prise : trouve un endroit calme où tu te sens en sécurité, assieds-toi confortablement et ferme les yeux. Respire profondément en visualisant les éléments que tu souhaites relâcher. Imagine-les se dissiper dans l'air, libérant ainsi ton esprit et ton cœur de toute tension. Répète cette pratique régulièrement pour cultiver un état de lâcher-prise profond et apaisant. Que cet exercice t'accompagne à chaque fois que tu auras besoin de sérénité et de libération intérieure.

*Écoute tes émotions,
elles veulent que tu survives
et que tu ailles bien.*

LES HONORER SANS JUGEMENT

Lorsque tu ressens une émotion,
honore-la comme un invité sacré dans
le temple de ton être. Permets-toi
de ressentir pleinement chaque
nuance, chaque frémissement
de ton âme. Écoute attentivement
ce que ces émotions ont à te dire,
car elles sont les messagères de
ton monde intérieur. Accueille-les
avec bienveillance et douceur,
sans te juger. Prends le temps
de t'asseoir avec elles, de les comprendre
et de les apaiser avec amour.
En les honorant ainsi, tu te connectes
à la sagesse profonde qui réside
en toi et tu ouvres la voie
à la guérison de ton cœur.

S'aimer,
aller à son rythme,
décider pour soi,
rester positif(ve),
accepter de se
faire confiance

Prends le temps de t'aimer et de progresser à ton propre rythme. Fais des choix qui te conviennent, cultive une attitude positive et aie confiance en toi. Ces règles d'or sont des fondations solides pour une vie épanouie et authentique. Honore ta voie personnelle, avance avec détermination vers la concrétisation de tes aspirations.

Rappelle-toi que tout est possible,
rien n'est perdu à aucun moment.
NE PAS ABANDONNER

Lorsque tu découvres ce puissant message, souviens-toi que les portes de l'avenir restent ouvertes, que tout est possible et que l'espoir demeure. Dans ces moments d'incertitude et de doute, rappelle-toi que chaque défi est une opportunité de croissance et de transformation. Pour nourrir cette étincelle de foi en toi, je t'invite à pratiquer des affirmations positives chaque jour. Répète des phrases telles que « Je suis fort(e) et déterminé(e) », « Je suis capable de surmonter les obstacles », « Je crois en moi et en mes rêves ».

Cette pratique régulière peut renforcer ta confiance en toi et ta motivation à persévérer malgré les difficultés. Que ces affirmations t'insufflent la force et la conviction nécessaires pour avancer avec détermination sur ta voie.

Crois en toi !
NE PAS DOUTER DE SOI

Dans l'esprit bohème, la confiance en soi est une boussole intérieure. Crois en ton potentiel, en ta magie unique. Laisse cette confiance t'insuffler la force nécessaire pour concrétiser tes rêves les plus audacieux. Tu es le créateur, la créatrice de ta destinée.

Si tu rencontres une personne
qui ne sait plus avoir le sourire,
offre-lui le tien.

OFFRIR UN SOURIRE

Lorsque tu croises une âme en peine, offre-lui la beauté d'un sourire chaleureux. Peut-être y a-t-il quelqu'un qui a besoin de ton sourire aujourd'hui. Permets à ce geste simple d'apporter un peu de joie et de réconfort. Rappelle-toi que la gentillesse peut illuminer même les jours les plus sombres. Que ce vase de pivoines soit un symbole de partage et d'espoir pour apaiser les cœurs tourmentés.

Prendre le temps de t'accorder une pause, sans culpabiliser !

PENSER À SOI

Tu mérites cette pause
pour recharger tes énergies
et te recentrer sur toi-même.
Prends ce temps pour
te reconnecter avec ce qui te fait
du bien, que ce soit en pratiquant
une activité qui te passionne,
en prenant soin de ton corps,
ou en t'accordant un moment
de relaxation. Écoute-toi,
prends soin de toi, et cultive
ton bien-être intérieur.
Tu es important(e) et tu mérites
d'être heureux(se).

Peu importe la difficulté
du moment, trouve la force en toi
pour avancer et franchir ce pont.
PRENDRE LE RISQUE

Quand tu te tiens face à un pont
à traverser, rappelle-toi
que chaque pas que tu fais pour
avancer est un pas vers ta propre
transformation. Parfois, les défis
peuvent sembler insurmontables,
mais en puisant dans ta force
intérieure, tu découvriras une
résilience inattendue. Prends le
risque de franchir ce passage,
même s'il peut sembler effrayant,
car c'est souvent là que se trouvent
les occasions les plus significatives
et les leçons les plus enrichissantes.
Aie foi en toi et en ta capacité
à surmonter les obstacles qui
se dressent sur ton chemin.

Prends le temps
de nettoyer ton espace sacré,
pour créer une ambiance équilibrée.

PURIFIER SON LIEU DE VIE

En prenant soin de ton espace sacré, tu as l'opportunité de créer une atmosphère équilibrée et sereine. Utilise le palo santo ou la sauge pour purifier les énergies et libérer ton lieu de vie des influences négatives. Ouvre grand les fenêtres pour laisser sortir les énergies stagnantes et laisse la fumée remplir chaque recoin de ton espace, en visualisant la lumière et la pureté s'installer. Ce rituel régulier t'aidera à maintenir l'harmonie et la paix intérieures.

Fais de ton hypersensibilité un atout.
RECONNAÎTRE CETTE BÉNÉDICTION

Cher(ère) hypersensible,
que cette carte t'apporte douceur et réconfort ! Ta sensibilité profonde est un don précieux qui te permet de vivre le monde avec intensité et empathie. Puisses-tu reconnaître en toi cette belle sensibilité comme une force unique. Laisse-la éclairer ta vie de sa lumière douce, et accueille-la comme un présent qui enrichit ton existence.
Que ce message te rappelle que ta sensibilité est un trésor qui te rend remarquable. Et si tu disais de toi : « je suis hypersensible, mais j'accepte pleinement mon hypersensibilité, je suis hyperpaisible » ?

Si tu trébuches,
relève-toi.
De toute manière,
tu te relèveras
de tout.
RELATIVISER ET PRENDRE DU RECUL

Avec cette carte, je t'invite
à méditer sur sa sagesse profonde :
si tu trébuches, relève-toi.
Peu importe les obstacles ou les
difficultés que tu rencontres, garde
en tête que tu as toujours la force et
la capacité de te relever. Apprends
à relativiser et à prendre du recul
par rapport aux épreuves que
tu traverses. Chaque chute peut
devenir une occasion d'apprendre
et de grandir. En te relevant avec
détermination et en adoptant
une attitude positive, tu pourras
surmonter les défis avec résilience.
Que cette carte te guide vers la
force intérieure et la confiance en toi
pour affronter les épreuves de la vie.

Soulage ton âme,
mets fin
aux nombreuses
exigences
que tu t'infliges !

RENONCER À LA PERFECTION

Permets-toi de te libérer
du fardeau des attentes, que ce
soit les tiennes ou celles des autres.
Accepte que la perfection
ne soit pas nécessaire pour
avancer. En renonçant à cette
pression, tu pourras apaiser
véritablement ton esprit.
Respire.

Seuls tes doutes et tes incertitudes t'éloignent de ta vraie nature.

RENOUER AVEC SON AUTHENTICITÉ

Prends le temps chaque jour
de méditer sur ce qui
est vraiment important pour toi.
Identifie les actions et les situations
qui te permettent d'être
pleinement toi-même. Éloigne-toi
de tes incertitudes et renoue
avec ta véritable nature.
Sois courageux(se), ose exprimer
librement qui tu es. Chaque pas
vers ton authenticité t'apportera
une liberté et une joie profondes.

Tu peux surmonter
cette situation plus facilement
que tu ne le penses.
RESTER CONFIANT(E) ET COURAGEUX(SE)

Lorsque la vie te met face à une situation compliquée, rappelle-toi que tu es plus fort(e) et plus capable que tu ne le penses. Reste confiant(e), garde courage et avance pas à pas. Cherche les petites victoires, célèbre chaque progrès. Ta force intérieure et ta détermination te guideront vers la lumière au bout du tunnel. Tu as en toi tout ce qu'il faut pour surmonter cette épreuve.

Assume pleinement ton être.

S'ACCEPTER POUR S'AIMER

Lorsque ce message te parviendra, rappelle-toi d'assumer pleinement qui tu es, car c'est là que réside ta véritable beauté. Dans la danse de la vie, laisse tes imperfections être les notes qui composent ta mélodie unique. Accepte-toi pleinement, car c'est dans cette acceptation que se trouve la clé de ton amour-propre et de ta joie intérieure.

Décide de mettre un terme à la procrastination excessive et à l'indécision.

S'ORGANISER PAR ÉTAPES

Autorise-toi à avancer à ton rythme,
en te fixant des plans réalistes.
En planifiant et en structurant
tes projets, tu pourras
avancer pas à pas vers
un quotidien plus épanoui.
Chaque petit pas t'éloignera
un peu plus de l'immobilisme
et te rapprochera de tes objectifs.

Sors de ta zone
de confort.
S'OUVRIR À LA NOUVEAUTÉ

Chercher la nouveauté peut être intimidant, mais c'est aussi une opportunité pour explorer de nouveaux territoires. Pour t'aider à t'ouvrir à de nouvelles expériences, commence par identifier une petite action que tu peux entreprendre pour sortir de ta zone de confort. Que ce soit essayer une nouvelle activité, rencontrer de nouvelles personnes ou explorer un nouvel endroit, chaque pas en dehors de ta zone familière peut apporter de nouvelles perspectives et des opportunités enrichissantes. Garde l'esprit ouvert et sois curieux(se) de ce que l'avenir pourrait t'offrir.

Le monde serait ennuyeux si tout le monde était pareil.

S'OUVRIR POUR CÉLÉBRER SA CRÉATIVITÉ

Prends quelques instants chaque jour pour t'accorder un espace dédié à l'expression de ta créativité. Que ce soit en écrivant, en dessinant, en dansant ou en cuisinant, laisse-toi porter par ton inspiration. Libère-toi de tout jugement ou attente, et permets à ta créativité de s'écouler librement, tel un fleuve sauvage. Laisse-toi surprendre par tes propres idées et laisse-les prendre forme sans chercher à les contrôler. En célébrant cette libre expression, tu nourris ton âme et tu apportes de la couleur et de la magie à ton monde intérieur. Laisse-toi emporter par cette danse intemporelle et découvre les trésors cachés de ton imagination.

Il est nécessaire de lâcher prise pour vivre plus sereinement.
SAVOIR SE DÉTACHER

Lorsque ce message croisera
ton regard, rappelle-toi que
le lâcher-prise ouvre la voie
à une sérénité profonde.
Flotte tel un papillon au gré
du vent, embrassant la magie
de chaque instant. Danse avec
la vie, laisse-toi porter par ses
mystères, et trouve la paix dans
la beauté de l'impermanence,
telle une plume légère dans
le tourbillon de l'existence.

Même si ta vie n'est pas parfaite, tu peux t'épanouir et être heureux(se).
SAVOURER LES BONS MOMENTS

Peu importe les imperfections,
tu as le pouvoir de t'épanouir
et d'être heureux(se).
Prends un moment pour reconnaître
la beauté dans les petits plaisirs
de la vie. Apprécie chaque
instant, savoure la magie des
bons moments. Répète-toi cette
affirmation tous les matins :
« Je suis digne de bonheur et je
mérite de m'épanouir pleinement
dans ma vie. » Puis, prends le
temps de noter trois choses
qui t'ont apporté de la joie
chaque jour. En cultivant cette
gratitude, tu ouvres la porte
à une vie épanouie et équilibrée.

Pense moins, vis plus !
SE CHANGER LES IDÉES

En accord avec cette carte,
rappelle-toi de laisser de côté
les soucis et les pensées négatives.
Prends le temps de te ressourcer
en passant du temps avec des amis,
en explorant de nouveaux
endroits ou en renouant avec
des activités qui te procurent
de la joie. Que ce soit en prenant
un café avec un proche,
en sortant pour une balade
ou en découvrant de nouveaux
lieux, accorde-toi ces moments
pour créer des souvenirs
chaleureux et retrouver
ton équilibre émotionnel.

Une simple
routine de soins
peut apporter
de la sérénité
dans ta vie
quotidienne.

Prendre soin de soi est une forme d'expression de l'amour que l'on se porte. Accorde-toi le temps de te chouchouter, que ce soit en prenant un bain relaxant, en méditant, en lisant un bon livre ou en pratiquant une activité qui te fait du bien. Se donner la permission de s'offrir des moments de douceur et de détente permet de cultiver la sérénité au quotidien, et d'apporter un équilibre précieux à ta vie.

En te séparant consciemment du superflu, tu te diriges vers ta vraie nature.

SE CONCENTRER SUR L'INDISPENSABLE

Avec cette carte, je t'encourage à prendre conscience de ce qui est réellement indispensable dans ta vie. En éliminant le superflu, tu pourras te reconnecter à ta véritable essence et suivre la voie qui te correspond vraiment. Concentre-toi sur ce qui te nourrit en profondeur et laisse de côté ce qui t'éloigne de ta véritable nature. En faisant ce choix conscient, tu ouvriras la porte à une existence plus authentique et alignée avec ton être véritable. Que cette démarche de recentrage t'apporte la clarté nécessaire pour avancer sereinement sur ton chemin.

Décharge-toi
de la pression
qui pèse sur tes épaules.
SE CONFIER À L'UNIVERS

Lorsque tu te sens accablé(e) par les pressions de la vie, imagine-toi assis(e) sur cette chaise, le ballon accroché au dossier. Respire profondément et laisse le ballon absorber tout le poids de tes préoccupations. Sens sa capacité à alléger ton fardeau et à apporter une atmosphère de légèreté. Prends le temps de te confier à l'univers, à la source, libérant ton esprit de tout ce qui lui pèse. Lorsque tu auras vidé ton cœur de tout ce qui l'oppresse, imagine le ballon s'envoler, emportant avec lui tes soucis.

Regarde-le s'élever dans
le ciel, et ressens la libération
et la tranquillité qui en découlent.
Permets-toi de trouver la paix
intérieure et la sérénité.
Que ce geste symbolique
soit le rappel de ta capacité
à décharger les pressions
de la vie et à retrouver
l'équilibre et la légèreté.

La contemplation permet de clarifier tes pensées et de trouver un sens plus profond à ta vie.
SE CONNECTER À SON MOI INTÉRIEUR

Cette carte t'invite à t'accorder un moment de calme et de réflexion. Imagine-toi confortablement installé(e), une tasse de thé fumante à portée de main avec un bol tibétain émettant des vibrations apaisantes. Laisse-toi imprégner par l'instant présent, en dégustant chaque gorgée de thé et en écoutant attentivement le son envoûtant du bol tibétain. Dans ce cocon de tranquillité, laisse tes pensées vagabonder librement, prête attention aux messages de ton Moi supérieur et permets-toi de découvrir une nouvelle profondeur à ta vie. Que cette pratique délicate t'ouvre les portes de la clairvoyance, t'apporte clarté, équilibre et inspiration sur ton chemin.

Apprends à mieux
te connaître,
écoute uniquement
ton cœur, ton âme,
pas ta tête !
SE FAIRE CONFIANCE

Laisse ton cœur et ton âme
prendre la parole. Donne-toi
le temps de te découvrir
de l'intérieur, en écoutant
ce qu'ils ont à te dire. Accorde-toi
la confiance de suivre les sentiers
de ton intuition, de te fier
à tes ressentis. En t'offrant
cette confiance, tu trouveras
la clarté et la force de suivre
ta voie authentique, en harmonie
avec ton être profond.

À noter : personne n'a le droit de te voler ta joie de vivre et ta bonne humeur.

Rappelle-toi que ta joie de vivre
et ta bonne humeur sont
des trésors précieux qu'aucun
individu ne peut te voler.
Affirme-toi et impose le respect
dans toutes tes relations,
que ce soit avec le monde
qui t'entoure, tes proches,
tes collègues, tes amis.
Sois fier(ère) de qui tu es
et ne laisse personne éteindre
ta lumière. Que cette carte
t'inspire à te faire respecter
et à rayonner ta véritable essence
dans tous les aspects de ta vie.

SE LAISSER PORTER

Accorde-toi la liberté
d'abandonner toute attente
et de te laisser guider par le flux
naturel de la vie. Permets-toi
de suivre le courant sans
résistance, en embrassant
chaque moment avec ouverture
et réceptivité. En te laissant
aller, tu découvriras la grâce
et la simplicité de la vie,
et trouveras la sérénité
dans le fait de te laisser porter
par le courant de l'existence.

Autorise-toi à vivre
de nouvelles aventures,
c'est tellement excitant !
SE LAISSER TENTER

Face à la carte qui t'encourage à t'autoriser à vivre de nouvelles aventures, laisse-toi emporter par l'excitation de l'inconnu. Explore des chemins inexplorés, ose sortir de ta zone de confort et plonge dans des expériences enrichissantes. Ouvre-toi aux opportunités qui se présentent à toi et saisis chaque occasion de croissance personnelle. N'aie pas peur du changement, car c'est là que se cachent les plus belles découvertes sur toi-même et sur le monde qui t'entoure.

Écoute ton intuition, suis ton cœur
et lance-toi avec confiance
dans ces nouvelles aventures.
Que cette carte t'inspire à vivre
pleinement, à explorer sans
limites et à te laisser emporter
par la magie de l'inconnu.

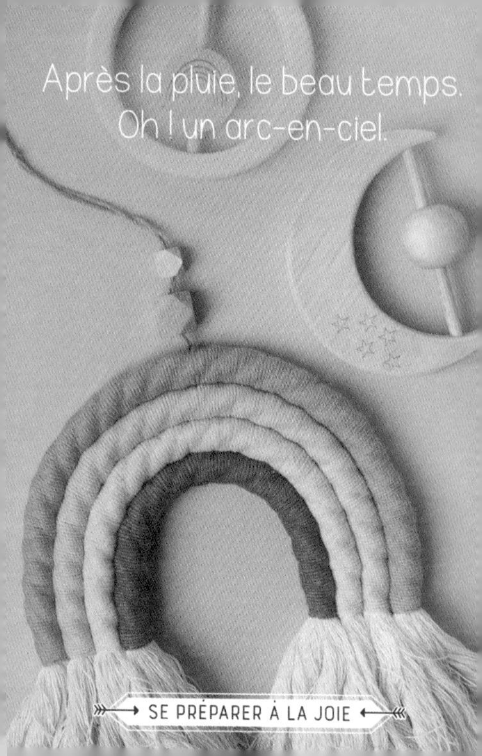

Après la pluie, le beau temps.
Oh ! un arc-en-ciel.

Cette carte t'invite à te préparer
à la lumière qui suit les moments
sombres. Comme un arc-en-ciel
après l'orage, la vie t'offre
la promesse de jours meilleurs
et de bonheur à venir. Garde en toi
la certitude que les épreuves
que tu traverses actuellement
laissent place à des moments
de positivité. Reste ouvert(e)
à cette brillante perspective
et prépare-toi à accueillir les belles
surprises qui arrivent à grands pas.

Médite
sous la douche,
c'est la promesse
d'un lâcher-prise
instantané.

En harmonie avec cette carte,
rappelle-toi l'importance
de prendre du temps pour toi.
Accorde-toi un moment
de détente, que ce soit sous
la douche, dans un bain parfumé
ou au bord d'un ruisseau.
Laisse-toi envelopper
par la douceur de l'eau pour
te libérer l'esprit et te permettre
de lâcher prise. Ces instants
de relaxation t'offriront la clarté
et la sérénité nécessaires
pour te ressourcer pleinement.

Revisite tes plus beaux souvenirs,
car ils font partie
de ce qui rend la vie si belle.
SE REMÉMORER

En lien avec ce message,
laisse-toi imprégner par la magie
de tes souvenirs les plus précieux.
Leur douceur et leur beauté
peuvent t'apporter du réconfort
et de la force dans les moments
difficiles. Prends le temps
de te replonger dans ces moments,
et laisse-les te nourrir de leur
sagesse et de leur chaleur.

La nature
te permet
de garder le cap
et de résister
au chaos
quotidien.

SE RESSOURCER AU VERT

Rappelle-toi que la nature
est une source infinie d'inspiration
et de vitalité. Lorsque le tumulte
de la vie devient écrasant,
accorde-toi du temps pour
te reconnecter à la terre.
Que ce soit en contemplant
un coucher de soleil,
en marchant pieds nus dans
l'herbe, ou en écoutant le chant
des oiseaux, laisse-toi porter
par la beauté simple et apaisante
de la nature. Elle te permettra
de retrouver ton équilibre intérieur
et de rester ancré(e), même dans
les moments les plus chaotiques.

Écoute ta petite voix intérieure, elle est porteuse d'un message bienveillant pour toi.
TENDRE L'OREILLE

Lorsque tu prends le temps d'écouter ta voix intérieure, tu te connectes à une source de sagesse et de guidance profonde. Accorde-toi des moments de silence et d'écoute attentive, en te laissant guider par ton intuition. Sois ouvert(e) aux messages subtils et réconfortants qui émergent de ton être intérieur. En tendant l'oreille à ta voix intérieure, tu découvriras une boussole fiable pour t'orienter sur le chemin de la vie.

Pour mieux avancer,
il faut parfois laisser
certaines personnes
derrière soi.

TOURNER LA PAGE

Lorsque le conseil de tourner la page t'est donné, accorde-toi le temps de reconnaître et d'accepter les émotions qui accompagnent ce changement. Prends soin de toi en écrivant tes pensées et tes sentiments dans un journal, en partageant avec un proche de confiance, ou en cherchant un soutien professionnel si nécessaire. Permets-toi de guérir et de lâcher prise en t'offrant l'espace dont tu as besoin.

**Pense à ton souhait,
ferme les yeux, visualise-le,
crée la vie de tes rêves
avec l'énergie de l'univers.**

Mets dès à présent en pratique la loi d'attraction, laisse briller la lumière de tes objectifs. Visualise et ressens la réalisation de tes rêves. Laisse ton cœur vibrer en résonance avec l'énergie universelle, sachant que tout ce que tu souhaites est en train de se manifester. Vibre en harmonie avec l'univers et laisse tes projets devenir réalité. Tu es le créateur, la créatrice de ta destinée.

Tu es mille fois mieux que ce que tu penses.
TROUVER LA FORCE DE S'AFFRANCHIR

En toi réside une force infinie,
bien au-delà de ce que tu imagines.
Cherche en toi la détermination
de briser les barrières
qui te retiennent.
Explore tes profondeurs,
permets à cette force intérieure
de t'affranchir des doutes
et des peurs. Épanouis-toi
dans ta pleine authenticité,
rayonnant de la beauté qui t'est
propre, et libère la puissance
qui sommeille en toi.

Élève ton taux
vibratoire,
l'énergie est partout,
sous le soleil,
les pierres,
les animaux.
VIBRER HAUT ET RAYONNER

En élevant ton taux vibratoire,
tu ouvres la porte à une connexion
profonde avec l'univers.
Laisse ton esprit s'harmoniser
avec les énergies qui t'entourent,
ressens la puissance des vibrations
positives. Que ta lumière intérieure
rayonne, illuminant chaque aspect
de ta vie d'une beauté
et d'une grâce sans pareilles.

À PROPOS DE L'AUTEURE

Je m'appelle Michèle Anne et je suis née à Strasbourg, en hiver 1973. En tant que Capricorne ascendant Capricorne, je pratique la cartomancie en Alsace depuis 2015. Je suis également créatrice d'une variété d'oracles divinatoires et de jeux pour le développement personnel.

Ma première création, l'*Améthyste Love Oracle*, a été une étape importante dans mon parcours. La création occupe une place centrale dans ma vie, nourrissant ma passion. Je guide ma clientèle à travers des consultations téléphoniques ou en présentiel dans mon cabinet. Je suis convaincue que rien n'est hors de portée pour celui ou celle qui sait dans quelle direction se diriger. Ma mission est de guider et d'inspirer, apportant clarté et guidance à celles et ceux qui recherchent des réponses et des conseils.

pca
cmb
édition pré-presse
livres numériques

44400 Rezé